GU00793171

have a nice day
(que tengas un buen día)

Grupo
ROBIN
BOOK
Barcelona - México
Buenos Aires

© Malsinet Editor, S.L.

Diseño de cubierta: Regina Richling
Diseño de interior: Cifra

ISBN: 978-84-96708-55-6
Dipòsit legal: B-8.003-2012
Ilustración de cubierta: iStockphoto

Impreso por Novagrafic Impresores - Pol. Ind. Foinvasa - Moli d'en Bisbe
C/ Vivaldi, 5 - 08110 - Montcada i Reixac.

Impreso en España - *Printed in Spain*

have a nice day
(que tengas un buen día)

300 ideas para que disfrutes de la vida

LIBROAMIGO
— Robinbook —

UN BAÑO
EN EL MAR
A LA LUZ
DE LA LUNA

Un viaje en tren para contemplar los primeros colores de la primavera sobre los campos

Cinco minutos de
tu tiempo para
recordar
aquellos
instantes
de felicidad
y escribirlos
en un papel

Una taza de chocolate caliente, en una tarde fría de invierno

UNA
CANCIÓN
QUE TE HAGA BAILAR HASTA LA MADRUGADA

UN AMANECER TUMBADO EN UNA HAMACA

EL SILENCIO DE LA NATURALEZA

para sentir la paz del espíritu

Un momento de suavidad, para sumergirte en un baño de espuma relajante

Un masaje revitalizador con aceites aromáticos

Un paseo por la playa descalzo en un día sin **sol**

UNA
CENA
ROMÁNTICA A LA LUZ DE LAS
VELAS

UN MARTINI
SECO PARA
TERMINAR UN
DÍA AGITADO

Una lectura relajante para las noches de insomnio

Un buen vino para compartir con tu mejor **amigo**

Un tiempo para
acariciar tus objetos
más queridos y
comprobar que una
corriente de ternura
e ilusión pasa
de tu mano
al corazón.

UNA **TÍMIDA**

Y SUAVE

LLUVIA

EN UNA

TARDE

ESTIVAL

EL
SABOR
DE LA DICHA
CUANDO
TE ENCUENTRAS
CON TUS SERES
QUERIDOS

Un paseo por el campo mientras oyes tu **canción** favorita

Un paseo
de noche
cuando
cese la lluvia

Un **baño** caliente después de un día ajetreado

Una agenda para anotar los momentos más hermosos **vividos** este año

Una siesta para que tu cuerpo y tu mente te lo agradezcan

El sonido de
los pájaros para
que te alegre el
espíritu

Un merecido **descanso** después de haber finalizado tus tareas

Una

mañana

luminosa para

pasear con tu

nuevo sombrero

Un libro

de viajes con bellas

ilustraciones para

que dejes volar tu

imaginación

Un espejo

para quererte

más y aceptarte

como eres

Unas **flores** para recibir la primavera

Tu **plato** preferido

cuando te sientas

algo triste

Una vida

llena de amor

Los reflejos

de los primeros

rayos de **sol**

sobre tu almohada

Un **CÁLIDO MASAJE** en los pies después de una larga **CAMINATA**

La película más romántica para un domingo lluvioso

Una tarde de soledad

para que disfrutes de tu exquisita propia compañía

Una clase de **yoga** para comprender y cuidar tu cuerpo y mente

Unos minutos de  relajación para absorber la paz y la tranquilidad

 de tu habitación

UNA NOCHE DE
AMOR
SIN COMPLEJOS

Una caja de bombones para estimular la pasión

Un baño bajo la
lluvia en compañía
de tu amor

El entusiasmo para poder disfrutar de las pequeñas cosas

La **LLAVE** que

abre la **PUERTA**

del **DESEO**

La primera
canción de amor
que bailaste

ESA PARTE

DE TI QUE

TE HACE TAN

ESPECIAL

EL SABOR
DE LA DICHA
CUANDO TE
ENCUENTRAS
CON TUS SERES
QUERIDOS

El placer de volver a casa después de un largo viaje

UNA
MALETA
LLENA
DE
RECUERDOS

La melodía de las estrellas
para las noches más frías

La TERNURA
de un abrazo cuando la tristeza nos invade

Una risa contagiosa como terapia contra la depresión

La sonrisa de un ser especial

Un sueño
feliz que
eclipse la
oscuridad de
la noche

Un lápiz
de color
para pintar
los mejores
deseos

UN JARDÍN DONDE SÓLO CREZCAN ROSAS PARA TI

Los aromas
más suaves
para los momentos
más especiales

Un **diario** para escribir las

cosas agradables que te suceden

y **reflexionar** sobre ellas

Una habitación propia para ser feliz

El conocer que la
experiencia te confiere
sabiduría y confianza
en ti mismo

Una nueva mirada
a las cosas que te
proporcionen armonía
y optimismo

Un momento de HUMOR

para LUCHAR contra las ANGUSTIAS y las TRISTEZAS

El sonido
del **mar**
para que
una sensación
de paz se cuele
en tus oídos

La **VITALIDAD**
para emprender
nuevas metas y
poder volar cada
vez más alto

Un **LIBRO** que te transporte a tranquilos lugares

Una bolsa
de palomitas
y una sesión en el
cine local para esas
largas tardes
de domingo

La visión de unos niños que ríen durante horas jugando en un trampolín

Un curso de artesanía para darte el goce de volver a casa con un jarrón hecho por ti

**Un buen baño caliente
para sumergir
los pies cansados
y que te encuentres
en el paraíso**

Un buen
LIBRO para
leer sin
interrupciones

¿Qué podría ser más estimulante
que zambullirse en agua fría en un
largo y caluroso verano?

Un buen **concierto** en directo, en un lugar agradable, en **compañía** de alguien especial

UN POEMA PARA LEER EN VOZ ALTA

o mejor que alguien te lo lea a ti

Un almuerzo en el campo, compartiendo las migas con los pájaros

VER UNA MARAVILLOSA OBRA DE ARTE

ARTE

TE CAUSARÁ FELICIDAD

UN **TIEMPO** PARA QUEDARSE EN LA CAMA CUANDO HACE MAL TIEMPO, LEYENDO ALGO APASIONANTE Y CONSEGUIR BORRAR LA TRISTEZA

Un largo

paseo por la playa

en una mañana brumosa,

buscando conchas y

tesoros

enterrados

**PODER VER EL
MUNDO EN UN
GRANO DE ARENA,**

y el cielo en una flor
silvestre

UNA LUZ ACOGEDORA

en la ventana
de tu casa

Una **playa**
para dejar tus
huellas en la
arena húmeda
y saber que
estuvistes allí

EL REGRESO DEL SER AMADO TRAS UNA LARGA AUSENCIA

La **CARICIA** gratificante de las **RISAS** de tus invitados ante una oportuna ocurrencia

Un juego

de mesa para disfrutarlo

con los seres más

cercanos hasta ver

amanecer

LA PRIMERA VEZ QUE ENCUENTRAS LA CONFIANZA PARA DECIR LO QUE PIENSAS Y SIENTES LA VERDAD

Un abrazo a ti **mismo** y a los que te rodean, aumentando tu propia **ACEPTACIÓN** y la de los demás

SENTIRTE COMO EN **CASA** EN UNA TIERRA LEJANA

Saber que el
valor de la gente
nunca podrá ser
sustituido
por ningún objeto

**Un pensamiento
positivo para que te
genere más energía,
más iniciativa
y más felicidad**

Un puzzle para
juntar todas
las piezas dispares

EN UN **TODO**
MÁS GRANDE
Y COHERENTE

UNA **SEMILLA**
QUE GERMINA Y CRECE
PARA QUE LUEGO,
CON CUIDADOS
Y AMOROSA ATENCIÓN,
SE RECOJA LA COSECHA

UN PERFUME DE
JAZMÍN
PARA UNA NOCHE
ESTRELLADA

Unos momentos de tranquila reflexión

EN UNA COCINA BAÑADA POR EL SOL

LA SUAVIDAD DE LAS PLUMAS

para llenar tu edredón
en las **noches**
frías de invierno

Una taza de té que anuncia la feliz idea de un buen desayuno en la cama

EL ECO DE LAS CAMPANAS DE LA IGLESIA EN UNA NOCHE DE VERANO

Pan fresco y una botella de leche para darte la bienvenida después de un largo viaje

La felicidad
de morder cubitos
de hielo en un
día caluroso de
verano

LOS
BESOS
HELADOS
CON QUE LA
BRISA ACARICIA
TUS MEJILLAS
EN INVIERNO

El sonido de las
olas al romper
contra las rocas

UN **RATO**
PARA TUMBARTE
EN LA ESPONJOSA
HIERBA Y ESCUCHAR
EL FELIZ ZUMBIDO
DE LAS ABEJAS

Poder deslizarte
por las franjas
del arcoiris
después de un
día de lluvia

El sonido de la LLUVIA sobre el TEJADO de uralita

LA
MAGIA
DE CONTEMPLAR
la nieve
caer desde
la ventana

Un pensamiento feliz para que los ÁNGELES velen por ti

Unos minutos para
contemplar la curiosa
naturaleza de las nubes

**Y SU PERSISTENTE
INTENCIÓN DE
PARECER OTRA COSA**

EL OLOR DE LA TIERRA HÚMEDA QUE ANUNCIA LA LLEGADA DE LA PRIMAVERA

EL
COSQUILLEO
DE UNA
GOTA DE
LLUVIA
AL ESCURRIRSE
POR TU NARIZ

LA LLEGADA DEL COLOR VERDE
tras meses
de ramas oscuras
y desnudas

SUAVES COPOS DE NIEVE

lanzadas por juguetonas hadas del invierno

Un montón de hojas
caídas para disfrutar de
esa alegre sensación
de arrastrar los pies y
estar conectado a la
tierra

DISFRUTAR
DE LOS
LOGROS
POR PEQUEÑOS
QUE SEAN

Un cesto de
fresas rojas para
saborearlas en una
mañana calurosa
de verano

El perfume

de la colada limpia

colgada al viento

UN PAR DE
ZAPATOS
TAN CÓMODOS
COMO ANDAR
CON LOS PIES
DESCALZOS

Una carta
del banco
que te comunica
que estás libre
de deudas

UNA COMETA PARA HACERLA VOLAR EN UNA PLAYA DESÉRTICA

Una melodía
de Bach mientras
viajas en coche
hacia Lisboa

Días llenos de optimismo y energía ilimitada para sentirte muy feliz

Velas que ILUMINAN alegremente las sombras de la noche

Inesperados momentos con extraños que abren la puerta a nuevas sensaciones

Un jarrón de flores recién cortadas para alegrar tu habitación

Unos tiernos besos de buenas noches

UN EXQUISITO
CAFÉ EN LA
TERRAZA DEL
EDIFICIO MÁS
ALTO DE LA
CIUDAD PARA
CONTEMPLAR
TODA SU BELLEZA

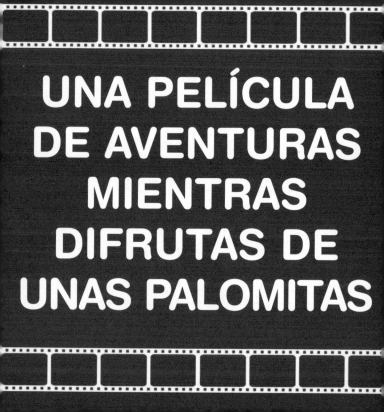

UNA EXCURSIÓN PARA RECOGER LAS PRIMERAS FRUTAS MADURAS DEL VERANO

Una partida

DE AJEDREZ CON TU MEJOR AMIGO MIENTRAS SABOREÁIS UNA EXQUISITA COPA DE OPORTO

Un **libro** que te transporta a los lugares más exóticos

Una DUCHA estimulante mientras tarareas tu canción preferida

UN
TRUCO
DE MAGIA PARA SORPRENDER

a los peques en
una fiesta infantil

UNA VISITA A LOS **LUGARES** QUE TE EVOCAN RECUERDOS FELICES DE TU INFANCIA

Un regalo envuelto en papel de brillantes colores

UNA
FIESTA
DE GALA
PARA PODER
ESTRENAR
TU MEJOR
VESTIDO

Una **tarde** ociosa
deambulando
por las calles para
comprar un **regalo**
para **ti**

Un viaje
en tren
que no sabes
dónde
te lleva

Un gran **castillo** de arena para poder derribarlo

Un recorrido por una galería de arte donde no hay absolutamente nadie

Un olor

que te transporta a

ciertos lugares

y momentos

donde

fuiste feliz

Una ventana y una memorable copa de cava, mientras ves

pasear a la gente en un día soleado

UNA
BOTELLA
VACÍA PARA INTRODUCIR
UNA CARTA DE AMOR
DENTRO Y LANZARLA
AL MAR DESEANDO
QUE ALGUIEN LA
ENCUENTRE

Ser jardinero durante
un día para plantar
tus flores preferidas

**El recuerdo de
tu primer
AMOR**

UN ENCUENTRO con un viejo amigo que te cuenta lo feliz que es

UN
PENSAMIENTO
FELIZ

bajo los destellos de la luna cuando hayan desaparecido los oscuros nubarrones

UN
CALEIDOSCOPIO
PARA CONTEMPLAR
LA VIDA DE
DISTINTOS COLORES

LA PAZ
DE SABER QUE
PUEDES
HACER
MUY FELIZ A TUS
SEMEJANTES

Un paseo

en barca acariciando el agua que te acerca a la orilla

Una **semilla**
para plantar
tu árbol y
contemplar
el bosque

La vista desde la CIMA de una MONTAÑA en un día DESPEJADO

UNA
SONRISA
ESCRITA PARA QUE LA GUARDES

El dibujo de un SUEÑO para que lo pintes en tu diario

UNA
PALABRA
PERFUMADA
QUE TE
ACOMPAÑE
EN EL
CAMINO

Un día de SOL con tu NOMBRE

El abrazo infinito de todos los árboles del bosque

UN **CANTO** SUAVE PARA ALIVIAR LAS NOCHES DE VIGILIA

LA **MIRADA** MÁS TIERNA DE UN NIÑO

El color de una nube en un amanecer rojizo para un final feliz en un día perfecto

Una
representación
DE **TEATRO**
GRATIS EN UN PARQUE

UNA
TARJETA DE
FELICITACIÓN
que anticipe la
NAVIDAD

Un paseo por el
mercado de baratijas

BUSCANDO
ALGO HERMOSO
PARA TI

Un **BUCEO**
por aguas
CRISTALINAS en
un país que
no hayas
estado nunca

ESAS VIEJAS CANCIONES DEL PASADO QUE REMEMORAN TIERNOS MOMENTOS

Un trozo de chocolate te dará energía para sobrellevar un mal día

Esas risas

espontáneas que

surgen sin que

tú lo esperes

El abrazo

tierno

de una

MADRE

Esa **tarde** en que
nos abrazamos
sin saber
por qué

LA **PAZ**
PEQUEÑA DE
LOS SUEÑOS
COMPARTIDOS

**Los primeros
brotes de
violetas cuando
la primavera
se aproxima**

La brisa
fresca del
otoño
incipiente

LA QUIETUD DEL DÍA Y LA PAZ DE LA NOCHE

Una almohada con olor a **jazmín** para que tengas un sueño maravillosamente tranquilo

MI PEQUEÑO
COFRE
CON
ALHAJAS
SENCILLAS
QUE NO LUZCO

EL **LIBRO**
QUE ATESORO
AUNQUE
NUNCA
LO HE LEÍDO

EL VALOR PARA
APOYAR LO
QUE ESTÁ BIEN,
y la habilidad
para decir lo que
sentimos de verdad

**El tic tac
del RELOJ
cuando se acerca
el momento
de encontrarse
con la persona
AMADA**

Una voz que te dice:
«**tranquilo,
todo pasa**»
cuando sientes que te
gana el desconsuelo

Un bosque

frondoso donde

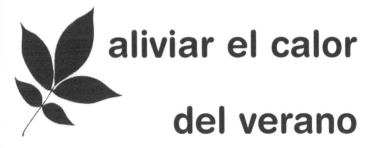 aliviar el calor

del verano

La **felicidad**
que da ver un vídeo familiar una y otra vez

TODO LO QUE ES MÍO...

PORQUE SÉ QUE LO CUIDARÁS

UN NUEVO
LIBRO
DE TU AUTOR
FAVORITO

Lanzar una MONEDA para pedir un deseo y que se cumpla

El olor del pan recién salido del **horno**

Un paseo mientras
contemplas a los
pájaros
volar al sur
para pasar
el invierno

Un fin de semana en tu **HOTEL** favorito y descubrir que sigue igual, a pesar del paso del **TIEMPO**

UNA BANDEJA
REPLETA DE
DELICIOSOS
PASTELES PARA
COMPARTIR CON
TUS MEJORES
AMIGOS

UN MOMENTO
DE TRANQUILIDAD,
DE RELAJACIÓN Y
DE PAZ MIENTRAS
ESTAMOS
PLENAMENTE
CONSCIENTES
Y DESPIERTOS

MIL
NOCHES
LLENAS DE
BUENOS
SUEÑOS

Mis pasos para que conozcas más de mí

**QUIERO REGALARTE
BESOS IMPORTANTES
PARA QUE ME EXTRAÑES
SI NO ESTOY DELANTE**

Y PIENSES EN MÍ
CUANDO ESTÉ
DE VIAJE

UNOS
JEROGLÍFICOS
PARA DESCIFRAR
MIENTRAS
RECORRES LA
CIUDAD EN
METRO

Algo **alegre** que recordar

UN
ÁNGEL
QUE TE AYUDA
A PONERTE EN
PIE CUANDO TUS
ALAS SE HAN
OLVIDADO DE
VOLAR

Una estrella

que te ilumine

el camino

hacia mí

Mi **amistad** para que te apoyes en **ella**

La quietud de
la **NOCHE**
para que
llenes tu
ALMA DE
PAZ

Un gran castillo de fuegos artificiales en una noche sin LUNA

Un nuevo
peinado que
te quite años
de encima

UNA **CARTA** DE
ALGUIEN QUERIDO
AL QUE EXTRAÑAS

UNA FIESTA SORPRESA AUNQUE NO SEA TU CUMPLEAÑOS

UN MENÚ SINGULAR Y LLENO DE SABOR para ofrecer a nuestros amigos o nuestra familia

El recuerdo de tu primer juguete

La **FELICIDAD**
de saber
vivir todos
y en cada
uno de tus
MOMENTOS

Un **BALCÓN**
donde puedas ver
a los paseantes
disfrutar de la
primera mañana
de **PRIMAVERA**

UN MAPA DEL TESORO PARA JUGAR A LOS PIRATAS

UNA MAÑANA COLOREADA EN UN CAMPO DE DALIAS

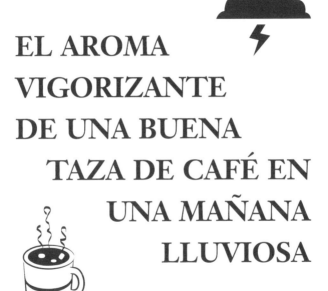

EL AROMA
VIGORIZANTE
DE UNA BUENA
TAZA DE CAFÉ EN
UNA MAÑANA
LLUVIOSA

Una **BOLSITA** de agua caliente en la cama... en **INVIERNO**

La luz
del fuego en
una chimenea
con una buena
compañía

El escondite de algo que dabas por perdido

Una toalla calentita al salir de la ducha en una mañana fría de invierno

UN AMOR QUE NO

TE PONE CONDICIONES

Encontrar miles de

de tus amigos
cuando vuelves
de las vacaciones

Un galope a caballo por una playa desierta

Un amigo que te escucha, pase lo que pase

Una **COPA**
de cava en
el hotel más
ROMÁNTICO
de la ciudad

Un baño en una piscina que se encuentra en lo alto de un rascacielo mientras contemplas el **ATARDECER**

La **FELICIDAD** de saber que ninguna distancia puede separar a las personas que se **AMAN**

LA **CALIDEZ**
DE UNA MANTA
MIENTRAS DISFRUTAS
DE TU
PELÍCULA
PREFERIDA

Esos colores

que realzan tu
BELLEZA

Una nueva **mirada** a las cosas para cambiar la perspectiva del mundo

EL BRILLO DE LA FELICIDAD SOBRE EL ROSTRO DE LA PERSONA A QUIEN AMAS

UN MONTÓN DE LEÑA ESPERANDO UNA HELADA REPENTINA

Un ramo de MARGARITAS para fabricar tu propio collar

El
sonido del viento
entre los árboles
mientras
atraviesas
el bosque

La pureza de la AURORA al despuntar el DÍA

**Un paisaje
tranquilo que te
invite a descubrir la
armonía
de la
naturaleza**

El sonido del timbre de una bicicleta mientras caminas por el campo

Una oscura
NOCHE
salpicada
de ESTRELLAS

LA **TERNURA**

DE UN CACHORRO
CUANDO LO
PROTEGES DEL FRÍO

LA LLEGADA DE LA PRIMAVERA EN UNA CIUDAD NEVADA

El eco
que devuelve tu
llamada desde
la cima de una
montaña

Una SAUNA para eliminar las toxinas que acumulaste en la semana, te pondrá a punto para comenzar una nueva rutina

Un abrazo que no pierda la costumbre

y una costumbre que no pierda el abrazo

Una íntima
conversación
paseando bajo
los almendros
para sabernos
AMADOS

**LAS PALABRAS
QUE ME INVENTO
CADA DÍA**

y mi silencio
algunas veces
si hace falta

UNA PUESTA DE SOL QUE PINTA EL CIELO

Unos ejercicios relajantes y suaves para compensar la pereza de estos últimos días

UN BELLO
CUMPLIDO
QUE ILUMINE
DE FELICIDAD
LOS DÍAS
GRISES

La ternura de un abrazo cuando llegas a casa después de los sinsabores de un largo día

Un libro
de viajes con bellas
ilustraciones para
que dejes volar tu
imaginación

UNA DIETA SANA PARA SENTIRTE MÁS FUERTE Y TENER UNA VISIÓN MÁS POSITIVA DE LAS COSAS

ESTRELLAS FUGACES que adornan tu **cielo** para celebrar tu **CUMPLEAÑOS**

Un AMIGO
para que te
dé cobijo en los
malos momentos

Instantes de felicidad disfrutados en el PASADO para adquirir nuevas fuerzas para vivir el PRESENTE

**Un paseo
por el campo para
escuchar los sonidos
de la naturaleza
y notar una
sensación de paz
que se cuela
por tus oídos**

Una escapada sin niños para relajarte y pasarlo bien

El sol
cálido
del alba
para que te
llene de
fuerza vital

El **VIENTO**
que cruza
libre entre las
CUMBRES
más altas

Un MASAJE en los pies para eliminar posibles TENSIONES

La sonrisa
de la luna
mientras paseas
por tu calle
preferida

Una mañana soleada para contemplar el mar al lado de la persona que amas

Un **picnic**
en un campo de amapolas

Una tarde para cocinar una cena exquisita y sorprender a los mejores amigos

UNA **LIBRETA**

para anotar

a diario los

logros

alcanzados

Un mensaje feliz cuando llegas a casa

Una tarde lluviosa viendo tu serie favorita

La magia de una estrella que se ilumina a través de las nubes

Una flor de
noviembre con
fragancia
a libertad

LOS **TRINOS**
MÁS BELLOS
DE LAS AVES,
PARA QUE TUS
MAÑANAS SEAN
SIEMPRE ALEGRES

El perfume
de las **flores**
para que tus
atardeceres se
llenen de **dicha**

Una
CANCIÓN
que he
compuesto
PARA TI

La **FRAGANCIA** del perfume que más te gusta para una noche **ESPECIAL**

**La visita sorpresa
de un amigo
anunciando una
feliz noticia**

Una tarde para proyectar un gran **viaje**

TODO
UN DÍA
SIN
HACER
NADA

UN HOMBRO DONDE APOYARTE CUANDO ESTÁS TRISTE

Una LLAMADA de una
AMIGA, que vive muy
lejos, para felicitar tu
CUMPLEAÑOS

Unas gotas de tu **perfume** favorito para sentirte en la gloria

Un zumo
de naranja
antes de salir
volando
de casa

10
minutos
leyendo el
periódico
en la cama

Un paseo

en barco

contemplando la

infinidad del mar

La **sombra** de un roble para una siesta veraniega

La sonrisa de un niño ante su tarta de cumpleaños

Una mesa repleta de las frutas más exóticas

Un inesperado oasis en una ajetreada ciudad

Una palabra
inventada para
que juegues
con ella

El color de las piedras bañadas por el mar

Un exquisito helado de chocolate

En la misma colección:

Otros títulos de **LIBRO**AMIGO